This notebook belongs to

DATE: DAY:

DATE: DAY:

DATE: DAY:

DATE: DAY:

| DATE: | DAY: |

DATE: DAY:

DATE: | DAY:

| DATE: | DAY: |

DATE: DAY:

DATE: DAY:

DATE: | DAY:

DATE: DAY:

DATE: DAY:

DATE:　　　　　　　　DAY:

DATE:　　　　　　　　　DAY:

DATE:　　　　　　　　　　DAY:

DATE:　　　　　　　　　　　　DAY:

DATE: DAY:

| DATE: | DAY: |

DATE: DAY:

DATE:

DAY:

DATE: DAY:

| DATE: | DAY: |

DATE: DAY:

| DATE: | DAY: |

DATE: DAY:

DATE: DAY:

DATE: DAY:

DATE:　　　　　　　　DAY:

DATE: DAY:

DATE:　　　　　　　　　DAY:

DATE: DAY:

DATE:

DAY:

| DATE: | DAY: |

DATE: DAY:

DATE: DAY:

DATE: DAY:

DATE: DAY:

DATE: DAY:

DATE: DAY:

DATE: DAY:

DATE:

DAY:

DATE: DAY:

DATE: DAY:

DATE:

DAY:

DATE: DAY:

DATE: DAY:

DATE: DAY:

DATE: DAY:

DATE: DAY:

Made in the USA
Las Vegas, NV
05 August 2022